M. PIERRE PÉALA

ARCHIPRÊTRE HONORAIRE DE LA CATHÉDRALE

Doyen du Chapitre de Notre-Dame du Puy.

NOTICE NÉCROLOGIQUE

PAR

M. CH. CALEMARD DE LA FAYETTE

Député de la Haute-Loire.

LE PUY

IMPRIMERIE CATHOLIQUE DE J.-M. FREYDIER
Place du Breuil, maison du Télégraphe.

1875

M. PIERRE PÉALA

M. PIERRE PÉALA

ARCHIPRÊTRE HONORAIRE DE LA CATHÉDRALE

Doyen du Chapitre de Notre-Dame du Puy.

NOTICE NÉCROLOGIQUE

PAR

M. CH. CALEMARD DE LA FAYETTE

Député de la Haute-Loire.

LE PUY
IMPRIMERIE CATHOLIQUE DE J.-M. FREYDIER
Place du Breuil, maison du Télégraphe.
—
1875

I.

Une belle vie, il faut dire plus, une grande vie sacerdotale vient de s'éteindre. M. Pierre Péala, archiprêtre honoraire de la cathédrale, doyen du Chapitre de Notre-Dame du Puy, a succombé le mardi 30 mars, à midi, dans la 84ᵉ année de son âge.

Il n'est certes pas nécessaire d'avoir connu

et aimé personnellement comme il nous a été donné de le faire le saint prêtre auquel nous consacrons ces lignes, pour comprendre quel vide immense laisse au sein de la famille chrétienne ce vétéran des œuvres sacrées du sacerdoce.

Le rayonnement bienfaisant d'une existence qui fut un durable exemple ne s'efface pas tout à coup sans que des âmes en grand nombre se sentent douloureusement assombries. L'un des chefs vénérés, l'un des aînés des phalanges ecclésiastiques ne quitte pas le rang d'honneur où l'on eut si long-temps la douce habitude de le voir, sans que cette séparation fasse saigner bien des cœurs.

Là même où surabondent les consolations promises à la foi, de pieux, d'irrésistibles et inconsolables regrets s'affirment hautement; et combien d'autres gémissent obscurément dans l'ombre! Des larmes sincères, les larmes du pauvre surtout, coulent sans vouloir se contraindre; et le monde lui-même, à voir ainsi pleurer, apprend quelle incomparable paternité est celle du prêtre fidèle qui vécut cher aux hommes et meurt béni de Dieu.

Mais pour que chacun puisse à bon escient

se constituer juge, pour qu'on puisse se rendre exactement compte de la part qui doit être faite dans le souvenir affectueux et reconnaissant de tous, à celui qui est pleuré et fut digne de l'être, il convient et il suffira de condenser en des pages rapides, les faits, les dates, les créations, les efforts méritoires enfin d'une, vie si pleine, et d'une action si féconde avec continuité.

II.

Pierre Péala naquit aux Reymonds, commune et canton de Tence, dans l'arrondissement d'Yssingeaux, le 15 août 1792. Il était le huitième des douze enfants de Jeanne Delosme morte en 1814 à l'âge de 53 ans, et de M. Pierre Péala, décédé dans sa centième année, après une vie constamment entourée au plus haut degré de la considération publique

Le domaine des Reymonds avait appartenu dans le quatorzième et la moitié du quinzième siècle, à des propriétaires, qui lui devaient leur nom et s'appelaient Reymonds des Reymonds. Cette grande et belle terre passa ensuite par des alliances à divers autres maîtres; elle fut enfin acquise en 1769 par la famille Péala.

On peut dire avec une exactitude et une identité parfaite de M. Pierre Péala ce qui a été écrit de son éminent frère, l'ancien Supérieur qui fut pendant de si longues années l'âme du séminaire du Puy, et qui exerça lui aussi, durant une longue existence, la plus légitime autorité de conseil et d'exemple sur le digne clergé du diocèse.

Lui aussi, Pierre Péala, il garda pour la petite patrie de sa jeunesse une prédilection touchante. Il aimait à connaître, à rechercher tous les détails sur les lieux, à recueillir toutes les légendes, toutes les traditions, tous les vieux souvenirs du pays; il y retourna toujours avec une joie filiale. Aussi devons-nous une mention spéciale à cet asile de calme, où les belles vertus de l'enfance pouvaient croître pour ainsi dire naturellement, sous l'égide des vieilles mœurs et sous l'inspiration d'une bonne mère.

C'est là que, comme son frère aîné, le jeune Pierre, put, dès ses premiers pas dans la vie, fortifier son cœur dans l'amour et la pratique de toutes les vertus, et se prémunir contre les difficultés et les embûches de l'existence par cette simplicité digne et forte qui semblait en lui un caractère de race.

III.

Ici, il nous sera permis sans doute d'emprunter à la vie du frère aîné écrite en 1853, quelques détails qui ne sont pas inutiles pour faire bien comprendre de quels robustes enseignements fut imprégnée la jeunesse de ces enfants destinés à devenir des chefs éminents dans le sacerdoce.

Aux Reymonds, tandis que, pour le dehors le père donnait à la chose rurale l'impulsion efficace et l'indispensable vigilance du maître, la mère de son côté, se livrait à ces soins du gouvernement intérieur qui influent à un si haut degré sur la prospérité d'une grande exploitation agricole. Mais les occupations matérielles ne constituaient à ses yeux que la moindre partie du devoir ; elle ne se reposait sur personne des doux servages de la maternité ; elle prodiguait toutes les assiduités, toutes les sollicitudes, toutes les ferveurs du cœur, au corps, bientôt ensuite à l'âme de ses enfants. Elle surveillait surtout, elle préparait et protégeait sans cesse l'éclosion de ces jeunes esprits aux naïves sagesses, aux tendres piétés du premier âge ; elle s'efforçait enfin de répandre à toute heure la vie morale et l'inspiration religieuse autour d'elle. Ainsi, épouse, mère, maîtresse de maison, méditer sans relâche, accomplir sans réserve une triple mission ; ménager, mesurer, dispenser avec tact une triple influence, telle était la loi que cette digne et sainte femme faisait planer de haut sur son existence entière ; voilà, comme elle l'avait comprise, l'œuvre de la mère chrétienne au foyer domestique. Telle fut madame Péala; et nul ne s'étonnera de voir consigner ici sur sa vie ces quelques détails, en songeant quelle haute influence exerce le cœur de la mère sur le cœur des enfants, combien cette maternité de la vertu peut avoir de puissance héréditaire et, si on peut le dire, de généreuses fécondités ; combien, par conséquent, les exemples et le bienfait permanent d'une si sainte vie, sont entrés sans doute pour une large part dans le beau patrimoine moral devenu le partage de sa descendance.

IV.

Né à l'heure des plus terribles tourmentes de la révolution, bercé si on peut le dire, au milieu des poignantes émotions, qui venaient assaillir chaque jour une famille résolument chrétienne, où l'on comptait deux prêtres poursuivis et contraints de se cacher pour refus de serment, le jeune Pierre Péala n'en eut pas moins, comme on le voit, l'inappréciable bienfait de l'enseignement religieux. Bientôt les bons hasards de son enfance lui donnèrent pour premier instituteur, pour guide dans tous les ordres d'étude, un homme distingué, destiné à occuper plus tard des fonctions éminentes dans la hiérarchie ecclésiastique. M. l'abbé Issartel, décédé, vicaire-général du diocèse, était alors vicaire à Tence ; il avait toutes les qualités d'un bon maître et d'un maître supérieur ; il s'attacha avec un zèle plein de dévouement à l'éducation des deux frères, qui, aidés aussi des conseils et du patronage affectueux du vénérable M. de Rachat, alors curé de Tence, firent dans la piété et dans le savoir des progrès également remarquables.

A l'âge de dix-sept ans, après une forte préparation intellectuelle, après les succès que méritait son application soutenue dans ses études classiques, Pierre Péala entrait au séminaire pour y faire sa philosophie sous un professeur d'un grand mérite, parent de sa famille, M. l'abbé Robin.

L'année suivante il faisait sa théologie ; et il fut ainsi, pendant quatre ans consécutifs, un élève apprécié entre tous, également remarqué pour son savoir et pour sa piété parmi ses condisciples.

En 1814, il entrait au séminaire de Saint-Sulpice pour y compléter pendant deux années entières, les fortes études qui faisaient déjà de lui un élève hors ligne tout prêt à devenir un excellent maître. Aussi, dès 1816, de retour au Puy, était-il appelé à professer la philosophie au séminaire, et la multiplicité, de ses aptitudes lui permettant de rendre dans l'enseignement les services les plus variés, la chaire de physique lui était livrée l'année suivante.

V.

M. Pierre Péala, on le voit, avait su, quoique jeune, inspirer une confiance bien exceptionnelle à ses maîtres. Comme tous et entre tous, son frère aîné, le digne supérieur déjà investi d'une très-légitime autorité dans le diocèse, prisait haut son sens droit, son jugement éclairé, ses aspirations actives vers le bien à réaliser ; et les deux frères, de la sorte, étaient unis plus encore par une conformité absolue d'idées que par la vive affection qui devait pendant toute leur vie durer entre eux sans un nuage. On comprend, dès lors, leur collaboration constante dans tous les grands et utiles projets communs et chers à tous deux. Peu de temps allait s'écouler sans qu'ils eussent à donner par les actes la preuve décisive de cette heureuse entente.

Nous touchons en effet au moment où devait naître ce qui restera la grande œuvre de MM. Péala ; l'œuvre, entre tant d'autres, toutes utiles et bienfaisantes, objet de leur prédilection la mieux méritée ; celle enfin qui devait avoir la plus réelle et la plus durable influence sur l'avenir et la prospérité du diocèse : je veux parler de la fondation du petit séminaire de la Chartreuse. C'est dans cette entreprise capitale que les deux frères associèrent le plus continuellement leurs efforts et durent mettre à contribution cette calme mais énergique persistance, cette tenacité pacifique, cet esprit de suite et de patient vouloir qui, au profit du bien déjà résolu dans leur pensée, fut leur force souvent admirée, et assura leurs succès là même où d'autres hommes éminents avaient échoué.

VI.

Dès 1815, en effet, de hautes notabilités du clergé avaient tenté d'établir un petit séminaire. L'entreprise était ardue à un moment où la pénurie des ressources était grande, où le diocèse demeuré sans évêque depuis la révolution, était pour ainsi dire comme décapité, où tant de choses restaient à faire pour réparer les dommages que les grandes catastrophes et le long veuvage de l'église du Puy avaient accumulés. MM. Péala ne s'étaient pourtant pas laissés décourager par les infructueuses tentatives de leurs prédécesseurs.

L'historique et les avantages de cette création ayant été étudiés et signalés avec détail dans la vie de M. Augustin Péala, il suffit ici d'emprunter quelques indications sommaires à ce travail ancien.

En 1816 une première acquisition avait été faite ; on avait voulu établir le petit séminaire dans l'enclos de *Charbounouse*; quelques travaux préparatoires avaient même été exécutés. Mais l'insuffisance des locaux ne faisait doute pour personne. Ce fut alors qu'une partie importante, la plus importante, de l'ancienne Chartreuse de Brive fut mise en vente. MM. Péala visitèrent les lieux, et furent, dès le premier examen, frappés de la situation de ces beaux édifices, de la grandeur des constructions, de l'étendue des jardins et du parc, et de la convenance parfaite de toutes les dispositions pour l'établissement projeté. Sans hésiter un moment, sans se donner même le temps d'une réflexion timorée, ces messieurs achetèrent immédiatement, s'en remettant du reste aux soins de la Providence.

Ce premier achat, ceux'qu'il fallut faire ensuite, avec les agencements d'appropriation nécessaire, exigèrent une dépense de plus de 150,000 fr. MM. Péala étaient loin d'avoir ce capital à leur disposition. Leur patrimoine personnel servait de gage moral. Mais, nous l'avons dit, ils comptaient sur la Providence, la mettant volontiers en tiers dans l'accomplissement des œuvres religieuses. La main invisible dont ils invoquaient le secours ne devait pas leur faire défaut. Les avances faites, près de 80 mille fr., purent être soldées des contributions du séminaire et des libéralités de plusieurs personnes généreuses. En fin de compte, les dons et les bénéfices réalisés dans l'administration de l'établissement compensèrent bientôt, à peu de chose près, le déboursé primitif.

Au mois de juillet 1818 l'administration ecclésiastique de Saint-Flour rendit l'ordonnance qui autorisait MM. de Saint-Sulpice à organiser un petit séminaire dans l'ancienne Chartreuse de Brive. Le 3 novembre suivant, l'établissement recevait quarante élèves. La Providence tant invoquée réalisait mieux que les premières espérances : dès la troisième année le nouvel établissement comptait deux cent cinquante élèves.

VII.

A regret nous nous sommes résignés à supprimer ici des détails qui ont un sérieux intérêt. A regret, car l'œuvre fut d'abord difficile autant que nécessaire, d'autant plus difficile et d'autant plus nécessaire que le diocèse était sans évêque et avait plus de besoins de toute nature. Elle fut donc méritoire plus qu'on ne peut le dire; elle reste l'honneur durable de ses dignes et dévoués fondateurs. Et de plus elle a tenu dans la vie de Pierre Péala une place bien considérable ; il y consacra de longues années pleines d'activité féconde et de zèle éclairé.

Dès 1818, dès l'ouverture des cours, allant droit là où était le poste inoccupé et le premier travail urgent, M. Péala prenait les fonctions d'économe et professait en même temps la classe de troisième. En 1820 il devenait supérieur, pour rester douze ans consécutifs à cette tâche laborieuse et souvent ardue, où il devait montrer avec tant de relief ce sens pratique et droit, cette action méthodique et judicieuse, et aussi ces grandes qualités de douceur, de sage tempéramment, de bonté et de cordialité qui devaient si on peut ainsi parler, *faire tradition* dans un établissement destiné à un si précieux avenir.

C'est là que tant de générations sacerdotales apprirent à le connaître, ce qui veut dire à l'aimer, à l'aimer d'une affection filiale dont la trace se trouve encore en tant de cœurs vivante.

Cette affection unanime, le respect que n'exclut pas du tout une familiarité toujours bienveillante et digne, le suivirent en effet quand la haute confiance à lui témoignée tour à tour par chacun des illustres prélats qui se sont succédé depuis lors sur le siége du Puy, l'appela successivement à d'autres grands devoirs.

VIII.

Nommé en 1832, chanoine de Notre-Dame, il était promu en 1843 à la dignité d'archiprêtre du chapitre, chargé par conséquent des fonctions de curé de la cathédrale.

Dans les divers professorats, auxquels nous l'avons vu si jeune appelé, et ensuite dans la direction du petit séminaire de la Chartreuse, son dévouement, son zèle et son intelligence avaient largement répondu à tout ce qu'on attendait de lui. Les mêmes grandes qualités et d'autres aptitudes non moindres allaient aussi le montrer à la hauteur de sa nouvelle tâche, plus difficile encore et plus en évidence.

Pendant plus de trente ans du ministère actif, son ardeur persistante au bien ne se démentit jamais, et cette longue carrière pastorale restera, nous n'en saurions douter, un bon souvenir et un rare exemple.

Pendant plus de trente ans, associé par le privilége de sa charge à tant d'œuvres utiles et fécondes, on le vit aider constamment du concours de sa bonne volonté et de ses lumières toutes les grandes entreprises religieuses accomplies au milieu de nous.

Jubilés, pèlerinages, solennités diverses du couronnement de Notre-Dame du Puy, de l'inauguration de Notre-Dame de France, partout et toujours il contribua à toutes ces œuvres. A celles-là, à combien d'autres encore que nous mentionnerons brièvement plus loin, il donna sans réserve, les contributions de sa générosité, les bons conseils de son expérience, les bénédictions ferventes de ses prières.

Il serait difficile de préciser ici le détail de cette participation quotidienne d'un saint prêtre à la vie religieuse de son temps et aux créations charitables qu'il environna de ses plus vigilantes sollicitudes. Nous ne pouvons pas, cependant, ne point consacrer une mention spéciale à l'institution qui, avec celle du petit séminaire, tint la plus grande place dans ses préoccupations affectueuses, et resta pour ainsi dire, présente à sa pensée de tous les instants.

IX.

Nous voulons parler, on le devine, de l'institution si précieuse, si digne de l'intérêt du pays et des sympathies de tous nos concitoyens, de l'institution des SOURDS ET MUETS.

Du jour où M. Péala eut résolu de donner à cette noble création l'avenir qu'il rêvait pour elle, du jour où son agissante bonté eut conçu le ferme propos d'assurer à des infortunes qui commandent la pitié de tous les cœurs généreux, non-seulement le modeste bien-être et l'agrément relatif d'une résidence spacieuse et saine, mais aussi le bienfait d'une instruction qui relève aux yeux de tous et d'elle-même, la créature de Dieu frappée d'une douloureuse infirmité, de ce jour-là il crut lui aussi que rien n'était fait tant que quelque chose restait encore à faire.

M. Péala fut donc quarante ans fidèle à la même intelligente sollicitude. Il ne perdit jamais de vue les intérêts de cette famille adoptive de sa charité. Au profit de l'établissement qui lui tenait tant au cœur, ses largesses étaient toujours prêtes pour les acquisitions utiles dont l'occasion pouvait s'offrir ; de plus, il faisait de ses propres dons un stimulant pour la générosité des autres. Il indiquait cette bonne œuvre à toutes les âmes en quête de bonnes œuvres ; et quand plus tard l'établissement toujours grandissant eut à bénéficier des sympathies actives du conseil général, M. Péala ne s'épargnait ni aux sollicitations ni à la peine ; il faisait au besoin, à l'aide de ses contributions personnelles, un appoint conditionnel aux allocations qu'il parvenait à obtenir. Il ne recula même pas, quand il le fallut, devant un voyage à Paris pour aller provoquer la bienveillance et les secours du gouvernement. Ainsi le prêtre qui semble avoir sacrifié à sa vocation les joies de la paternité, en pratique souvent au plus haut degré l'amour et les devoirs ; il est père dans le sens le plus large, dans la signification la plus généreuse du mot. M. Péala fut un père que les *Sourds et Muets* n'oublieront pas. Aussi est-ce là, dans ce milieu reconnaissant, là et encore dans quelques pieux monastères de saintes femmes, qu'il aura laissé les plus impérissables regrets. C'est là, parmi ceux qu'il aima tant, dont il fut tant aimé, c'est là que maîtres et élèves auront senti, plus amèrement qu'on ne peut le dire, la perte irréparable.

C'est là que sa bonté, sa charité, son affectuosité, avec un abandon infini et une véritable joie du cœur, se donnaient ample et libre carrière. C'est là qu'on répètera longtemps de lui comme du divin modèle : *transiit bienfaciendo*.

X.

J'énumère maintenant, les indications de son précieux concours, de sa participation active aux fondations pieuses auxquelles son dévoûment éclairé se voua avec une infatigable persévérance.

Il faut au moins citer ainsi, ne fut-ce qu'au courant de la plume : l'œuvre des Dames de la miséricorde, le couvent des dames de Sainte-Claire dont il fut le directeur depuis 1832 ; celui de la Visitation-Sainte-Marie, celui des sœurs de Saint-François-d'Assise du Puy, qu'il établit successivement à Retournaguet, à Allègre, à Saint-Julien-Chapteuil ; enfin celui des Carmélites de Saint-Georges-l'Agricol qu'il établit aussi à Saint-Victor-sur-Arlanc, celui de Sainte-Agnès à Josat, etc., etc.

Telles sont les précieuses institutions d'enseignement et de piété qui dûrent à sa direction ou à ses initiatives les éléments d'une prospérité durable et, pour plusieurs, leur première existence.

Cette ardeur, ce dévouement aux œuvres du bien, qu'est-ce autre chose qu'une des manifestations les plus visibles d'un grand cœur ? C'est, dans la vie chrétienne, la charité agissante. Mais la bonté, la charité, elles ont encore, elles ont surtout pour le prêtre une action plus continue, quotidienne et de tous les instants. La bienfaisance a sa tâche de chaque jour, c'est l'aumône, c'est le secours accordé, donné, offert à toutes les infortunes ; la charité c'est avant tout l'amour du pauvre.

Qui n'a su, qui n'a pressenti, qui n'a deviné

à quel degré cette vertu sacrée fut celle de M. Péala. Certes, ses inépuisables largesses demeureront pour la plus grande partie, le secret des pauvres et de Dieu. Mais ce qu'on a vu, ce que le hasard a révélé, en a dit bien plus que ce qu'on en peut écrire ici.

Ne peut-on pas signaler, comme un spécimen touchant de tout ce qu'on ignore, le fait de ce vieillard indigent qui, faute d'autre gîte, avait pendant des nuits rigoureuses couché sous le porche de Notre-Dame ?

M. Péala en fut instruit ; il voulut que ce pauvre devint son hôte. Et malgré l'hésitation de celui-ci qui craignait d'être indiscret, cette hospitalité dura ; et le saint prêtre ne se couchait pas sans s'être assuré que le pauvre avait eu la soupe du soir et la bouteille d'eau chaude qui devait l'aider à se réchauffer.

Combien d'autres n'en connait-on pas qui faisaient pour ainsi dire chaque jour leur ascension fructueuse jusqu'au pied de Corneille ? Là le secours se proportionnait au besoin. Les pauvres honteux, ces dénuments si souvent immérités, les plus cruels certainement entre tous, ces misères qui n'osent s'avouer qu'aux plus discrets, qui passent souvent à côté du secours nécessaire, de l'aumône même abondante, sans oser en prendre leur part, les pauvres honteux surtout savaient le chemin du bon presbytère et ne craignaient pas d'y chercher le meilleur, le plus délicat et le plus généreux des confidents...

XI.

Ainsi M. Péala sut remplir sa vie ; ainsi il employa son activité féconde et cette intelligence si ferme et si droite dont Dieu l'avait doté.

Tels sont les faits principaux que nous tenions à consigner ici, que nous avions le devoir de mettre immédiatement en relief, ne fût-ce que d'une façon sommaire et partant bien insuffisante. Telle fut la vie utile à tant de titres qui se recommande si manifestement à l'estime si souvent oublieuse du monde, comme à la vénération plus équitable des phalanges chrétiennes. Tel fut l'homme dont la mort toute prévue qu'elle dût être après les avertissements de l'âge, laisse d'impérissables regrets à une honorable famille et à de nombreux amis, une affliction fraternelle ou filiale dans le clergé tout entier, un grand deuil et de profondes tristesses dans tant d'âmes pieuses qui perdent un véritable père.

L'âge l'avait atteint cependant ; et si l'âme restait puissante, le corps s'affaiblissait.

En 1873 il crut devoir résigner la plus grosse portion de son fardeau pastoral. Il donna sa démission des fonctions d'archiprêtre. Mais ce n'était pas pour s'assurer de vrais loisirs. Les soins du ministère avaient droit encore à ce qui lui restait de force. Ce n'était pas pour ici-bas qu'il convoitait le repos.

Il allait promptement épuiser les restes de sa vie dans l'accomplissement toujours continué de diverses tâches. A ses forces qui commençaient à le trahir survivaient toujours le zèle et le courage. Il ne se trompait pas du reste aux symptômes précurseurs de la fin ; mais le sacrifice se faisait sans efforts ; et il voyait avec une calme douceur venir l'heure suprême. Son renoncement était mieux que de la résignation. Sa piété, pleine des fermes espérances que donne une foi sans nuages, se préparait sans trouble au grand départ. Il faisait bon marché des jours qui lui restaient à vivre ; et parfois c'était avec un demi-sourire qu'il parlait de sa santé en déclin. A ceux qui le questionnaient avec sollicitude sur son état : « je suis un pauvre vieux, disait-il de cette voix lente et pleine d'une bonhomie toute cordiale qu'on lui connaissait ; je vais comme un pauvre vieux ; je vais comme on va quand on est bien près de partir... » et en attendant il continuait ses œuvres.

C'est ainsi que cette existence déjà défaillante resta jusqu'au bout asservie au travail quotidien et à ses multiples devoirs.

XII.

Le jour vint cependant où il fallut arrêter, où il fallut renoncer à ces visites de bon pasteur qui ne se résigne pas sans contrainte absolue à délaisser le troupeau. La descente vers les quartiers distants, il l'eût faite encore ; mais le retour commandait des ascensions déjà impossibles. Quelques semaines seulement avant la fin, il fut condamné au repos ; du moins continua-t il à se rendre à sa chère basilique.

Le dimanche des Rameaux, quoique déjà depuis quelques jours hors d'état de célébrer le Saint-Sacrifice, il voulut comme les jours précédents aller recevoir la communion à l'autel ; et pour payer un dernier tribut au devoir ecclésiastique, donnant un dernier exemple dans lequel semblaient se symboliser les labeurs de toute une longue vie, il se traîna encore à son confessionnal.

Puis le bon vieillard dut enfin s'aliter ; — c'est qu'il était déjà bien malade. — La grande épreuve était proche en effet ; M. Péala la regarda résolument en face. Entouré qu'il était, comme on peut le croire, d'une religieuse et fervente assistance, il s'associait avec une volonté et une attention sans défaillances, aux prières qui ne cessaient pas un instant de monter pour son âme aux pieds du Souverain Juge.

Entre temps, les sollicitudes de cette bonté inépuisable qui était si profondément inhérente à sa nature qu'elle ne devait s'éteindre qu'avec sa vie, lui survivant pour ainsi dire à lui-même, se portaient encore, veillaient encore sur tout et sur tous. Il consolait ceux que ses souffrances souvent cruelles faisaient pleurer. « C'est supportable, disait-il ; et d'ailleurs il faut bien souffrir quelque chose ; il faut bien expier. » Et il offrait à Dieu ses douleurs de plus en plus aiguës.

Le mal empirait ; mais dans sa marche progressive il y eut parfois des temps d'arrêt, de courtes rémittences. La robuste constitution du mourant avait des manifestations temporaires d'énergie, auxquelles on eût voulu pouvoir se tromper ne fut-ce qu'un instant. Lui du moins ne s'y trompait pas ; et déjà il n'était plus qu'avide de bien mourir.

XIII.

L'exemple d'une bonne mort, les bons conseils, d'abondantes bénédictions à sa famille, à ses amis, à tous, voilà l'adieu incomparable d'un bon prêtre aux choses d'ici-bas.

Conseils paternels, bénédictions touchantes, il entrecoupait ces choses d'aspirations subites vers le ciel.

« Oh ! s'ecriait-il la veille de sa mort, quand serai-je dans le Jardin de mon Dieu, dans le Jardin du Paradis ! je ne veux plus rien de la terre ! »

Ce jour-là il bénit affectueusement ses petits neveux, en leur parlant avec une onction et une tendresse infinies, de la grandeur, de la puissance et de la bonté de Dieu.

Le mardi matin, comme les deux jours précédents, prêt à recevoir le pain de vie des mains d'un ami fidèle et inconsolable, des mains tremblantes du digne abbé Grand, il murmurait ces mots : « *veni ! veni Jesu !* » et il tendait les bras avec amour. Puis, après de pieuses actions de grâce, d'une voix émue mais ferme et pénétrante : « merci ! dit il à son ami ; merci ; que de bien vous m'avez fait ! que je suis bien ! combien je suis heureux !.. »

Ce furent ses dernières paroles. Ses lèvres, collées aux pieds du crucifix, allaient se fermer pour toujours.

Quelques instants après en effet, la nuit se faisait dans sa pensée; l'agonie commençait. Et, vers midi tout étant fini, on lui ferma les yeux.

Le saint prêtre voyait désormais face à face

le Dieu qu'il avait aimé, servi et glorifié toujours.....

⁎
⁎ ⁎

C'est le jeudi 1er avril que les honneurs funèbres ont été rendus au vénérable défunt. Est-il besoin de dire avec quelle solennité, au milieu de quelle foule recueillie, profondément et pieusement contristée ?

Un immense clergé était là. Monseigneur Le Breton, assisté de ses deux grands vicaires, a voulu prononcer autour du catafalque les dernières prières.

Puis, la cérémonie achevée, quand ce cercueil, fardeau vénéré que les jeunes sourds-muets ont revendiqué l'honneur de porter eux-mêmes, a quitté la vieille cathédrale, combien d'assistants ont pensé avec un attendrissement nouveau au bon prêtre, au vénérable vieillard qu'on avait vu, pendant près d'un demi-siècle, circuler chaque jour à l'appel de tous les devoirs sous ces voûtes sacrées, qui en sortait maintenant pour n'y plus rentrer, hélas ! mais accompagné des bénédictions reconnaissantes de toute une population émue...

Précédé par MM. les grands vicaires, les membres du chapître, et les représentants des diverses institutions dont M. Péala avait été le plus dévoué patron, le cortége où l'on remarquait notamment les chefs de la magistrature, le maire et les adjoints de la ville du Puy, et où les notabilités de tout ordre se confondaient volontairement avec la cohorte des pauvres éplorés, le cortége s'est dirigé vers le couvent des religieuses de Sainte-Claire. Là, au milieu de la chapelle où le défunt s'était si souvent agenouillé, où il avait si souvent distribué la parole de Dieu, le cercueil, après avoir reçu un dernier tribut de prières et de larmes, a été inhumé dans une sépulture provisoire. Et quelle que soit plus tard, la sépulture définitive, bien des âmes éprouvées y viendront encore demander au saint prêtre mort, le pieux secours, les saintes inspirations, les grandes espérances que, vivant, il suscita ou prodigua pour tous.

Ch. CALEMARD DE LA FAYETTE.

(Extrait de l'Echo du Velay.)

Post-scriptum.

Après avoir trop insuffisamment encore traduit dans les pages précédentes, les regrets profonds et affectueux laissés par M. Péala à cette ville du Puy qui eut le bénéfice de sa longue et laborieuse existence, il eût fallu dire, au moins en quelques mots, quel touchant et ineffaçable souvenir garderont aussi de lui la petite patrie qui s'honore de lui avoir donné naissance, ces concitoyens du canton de Tence qui tous l'ont connu, qui tous l'ont aimé comme un frère ou comme un père, et beaucoup comme un protecteur, comme un patron généreux et dévoué.

Mais celui qui écrit ces lignes trouve opportunement aujourd'hui, dans une communication qui lui est adressée par un ami, l'expression heureuse et pénétrée des sentiments qu'il eût eu à rendre. Et sans se laisser arrêter par le scrupule, tout personnel, que pouvaient susciter des appréciations trop gracieuses pour lui-même, il croit devoir reproduire textuellement la lettre qu'on va lire, assuré qu'il est de donner de la sorte satisfaction légitime à cette généreuse population de Tence que des liens puissants et chers rattachèrent toujours aux MM. Péala, et qui a le droit de n'être pas oubliée dans un écrit consacré à faire aimer autant qu'à honorer ce nom.

Le Puy 5 avril 1875.

A. M. Ch. CALEMARD DE LA FAYETTE.

Mon cher député,

Je viens de lire dans l'*Echo du Velay* l'éloge que vous consacrez au saint prêtre qui vient de rendre sa belle âme à Dieu.

Permettez au représentant de la commune et du canton de Tence de vous en remercier. Vous avez su rendre avec une vérité touchante cette vie si édifiante, si bien remplie toujours, si simple dans sa grandeur, si affectueuse dans ses moyens, si consolante dans sa fin.

J'ai un profond regret, celui de n'avoir pas été averti à temps et de n'avoir pu me joindre au cortége qui lui rendait les honneurs funèbres. Son pays, ce pays qu'il aimait tant et où on l'aimait tant aussi, aurait du être officiellement représenté, et l'amitié dont M. Péala voulait bien m'honorer m'aurait rendu ce devoir encore plus doux.

Au milieu des veilles qu'il consacrait à sa patrie d'adoption, le vénérable archiprêtre n'oubliait jamais Tence. Avec quel bonheur il s'entretenait des personnes et des choses qu'il connaissait d'ailleurs si bien! avec quel intérêt il interrogeait ses compatriotes, faisant le bien de loin comme de près.

Il vivait de notre vie. En un mot si le Puy avait son labeur quotidien, nous avons encore conservé son cœur.

Sa vie est pour nous un honneur, et, comme pour vous, sa mort est pour nous un deuil public.

C'est à ce titre, mon cher député, que je devais, en m'associant à ces paroles, vous remercier d'avoir ainsi honoré sa mémoire et ses vertus.

Veuillez agréer, je vous prie, la nouvelle expression de mon dévouement.

René DE MARS
de Tence, membre du Conseil général.

LE PUY, IMP. FREYDIER, PLACE DU BREUIL.

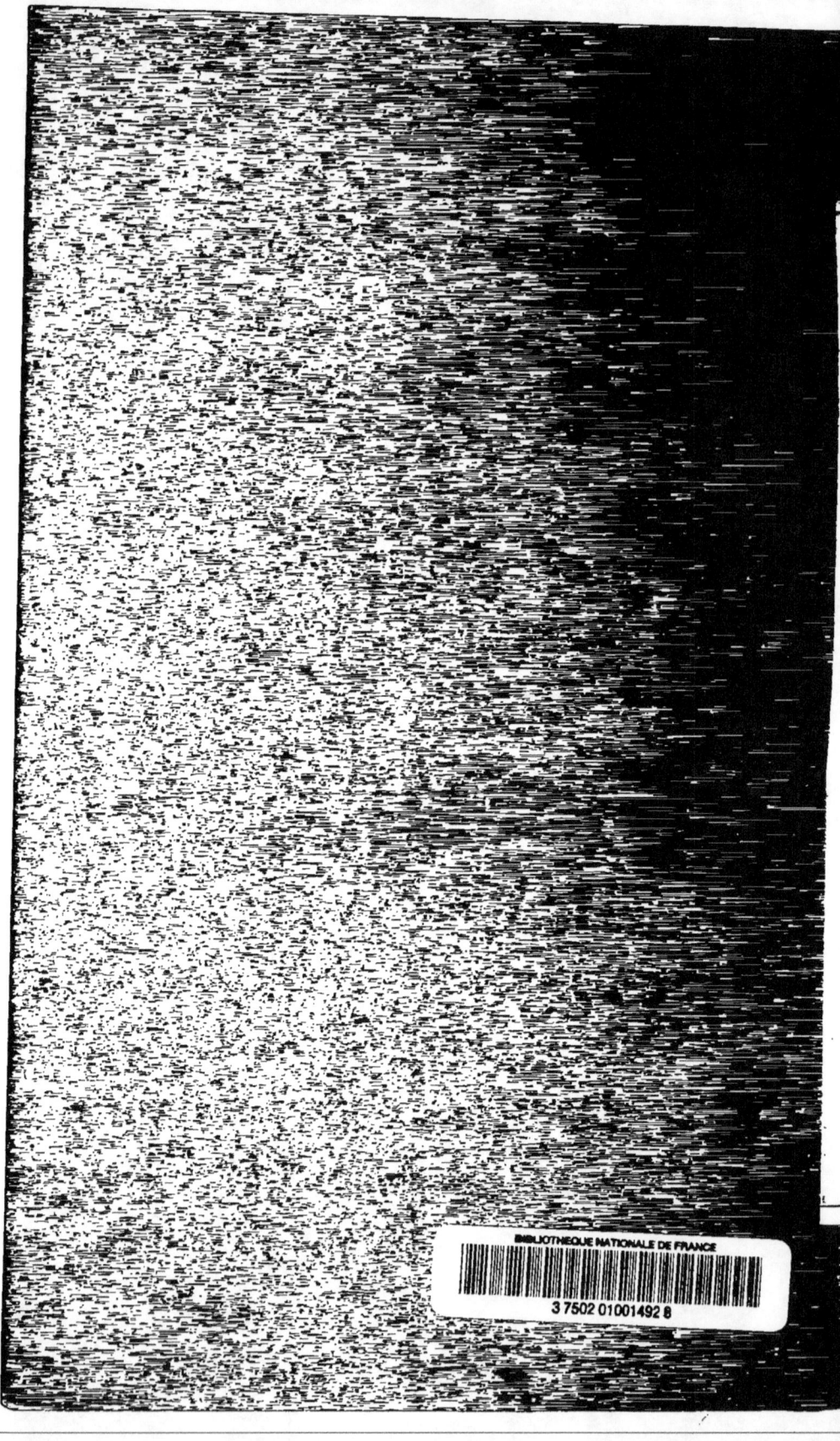

www.ingramcontent.com/pod-product-compliance
Lightning Source LLC
LaVergne TN
LVHW021745080426
835510LV00010B/1336